$5.95

David Bouchard

On apprend du soleil – Plan de cours pour les enseignants

1er Juin 2020

ISBN - 978-1-989122-56-3

Bienvenue.

Bienvenue au plan de cours pour les enseignants concernant On apprend du soleil. Vous trouverez dans ce plan de cours des projets pour la classe, des activités pour les élèves, des pages à colorier et d'autres activités incroyables. N'hésitez pas à adapter une partie ou l'ensemble des activités en fonction de l'âge de vos élèves.

Table des matières :

Leçon A – Apprendre à connaître On apprend du soleil :

1) Lire le livre.

2) Faciliter la conversation :
• **Penser, jumeler, échanger :** Que savez-vous à propos du soleil? Avez-vous déjà vu un lever de soleil? Avez-vous déjà vu un coucher de soleil? Pouvez-vous en faire une description?

• **Penser, jumeler, échanger :** Que pensez-vous de la poésie du livre? Est-ce que ça vous plaît?

• **Séance de remue-méninges en classe :** Quel apprentissage sur le soleil préférez-vous dans le livre?

• **Travail de groupe :** En petits groupes, répondre à la question suivante. Quel animal de cette histoire avez-vous préféré?

Lisez à nouveau le livre et demandez aux élèves de réfléchir aux questions suivantes. Combien d'animaux ont été mentionnés ou montrés dans le livre? Combien y a-t-il de points cardinaux?

• **Séance de remue-méninges en classe :** Combien d'animaux ont été mentionnés ou montrés dans le livre?
(Réponses : loup, corbeau, bison, ours, castor, tortue et aigle)

Combien de points cardinaux avez-vous entendus?
(Réponses : est, sud, ouest, nord, ciel, terre et cœur)

• **Séance de remue-méninges en classe** – Activité de coloriage : Demandez aux élèves de colorier la page suivante en utilisant la couleur qui correspond à chaque point cardinal.

Remarque pour l'enseignant : Servez-vous de la dernière page de On apprend du soleil comme d'une référence pour voir rapidement les points cardinaux ainsi que les couleurs et animaux qui leur sont associés.

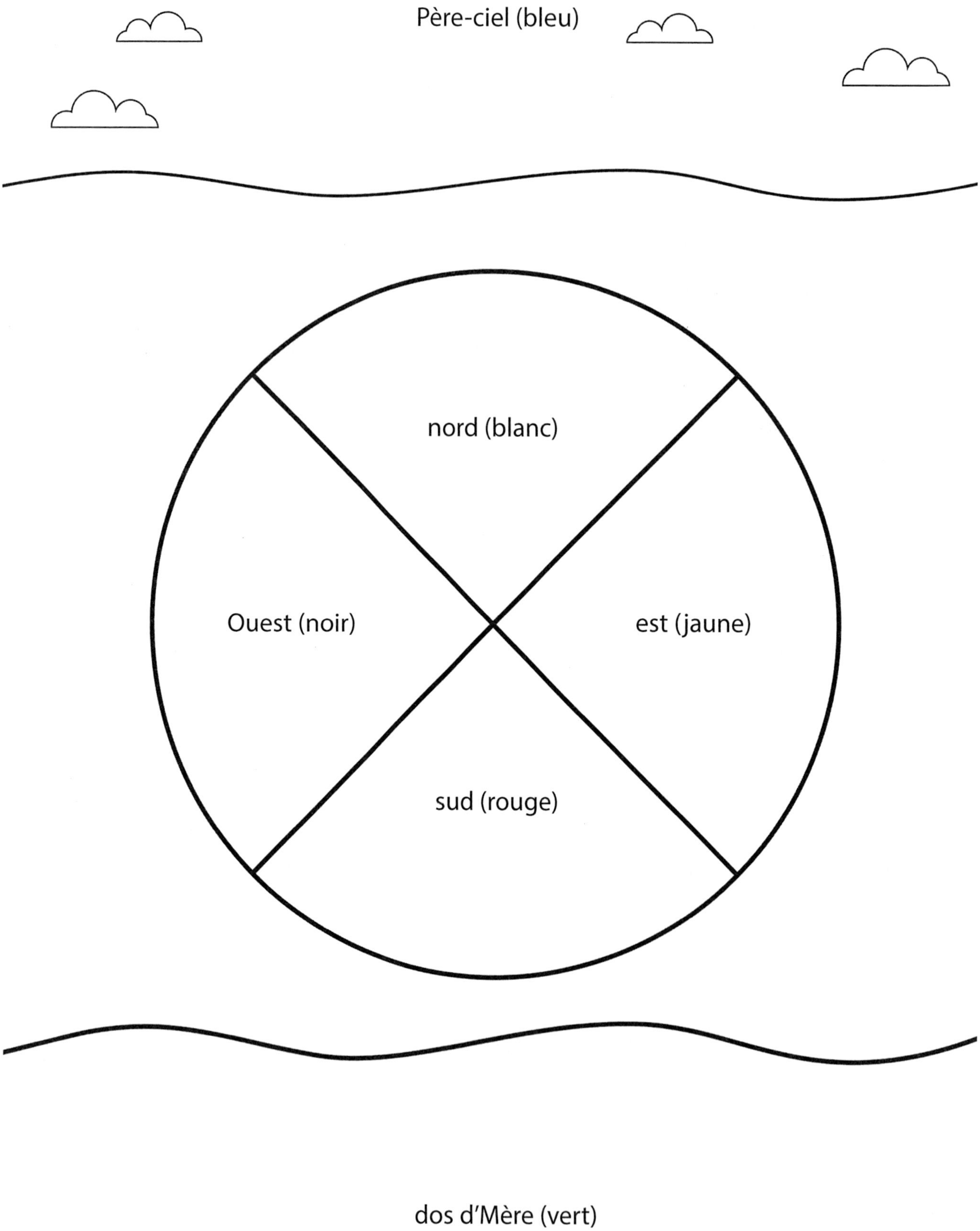
Père-ciel (bleu)
nord (blanc)
Ouest (noir)
est (jaune)
sud (rouge)
dos d'Mère (vert)

Activité – Placer les mots :

Placez les mots dans le texte. Les mots de référence sont indiqués en

Premier enseignement sacré :
Mots : **jour, tous, enfants**

Il se lève chaque ________
On voit ________ à notre tour
Comment il est si grand
Il se montre aux ________.

Deuxième enseignement sacré :
Mots : **sud, talents, pareils, soleil**

Dans le ciel ___, on voit
On a tous des ________
On est pas deux ________
On apprend du ________.

Troisième enseignement sacré :
Mots : **soleil, bison, respect, famille**

Quand le ________ se couche
Le ________ lui, il touche
Et nous montre le ________
Une ________, un paquet

Quatrième enseignement sacré :
Mots : **nord, courage, ours, blancs**

On se tourne vers le ________
Pour ________ – pour être forts
L'________ et Terre-mère sont
____
Elles protègent les enfants.

Cinquième enseignement sacré :
Mots : **Père, castor, sage**

Tu vois là-bas en haut
________-ciel offre un cadeau
________ nous dit « sois ________ »
Peu importe ton âge.

Sixième enseignement sacré :
Mots : **nous, Terre, neige, va**

C'est à ________ de le faire
Protéger Mère la ________
Elle est ________ – elle est vent
D'où on vient – d'où on ________.

Septième enseignement sacré :
Mots : **cœur, aigle, amour**

Regarde dans ton ________
Où l'________ soigne tes douleurs
Il est là nuit et jour
Il t'enseigne l'________.

Leçon B – Écrire ses propres poèmes

Objectif : Encourager les élèves à expérimenter la poésie.

Remarque : Il ne serait habituellement pas acceptable que des élèves changent les écrits d'une personne autochtone. Dans le cas présent, David Bouchard a donné son accord pour effectuer des changements ou de l'expérimentation avec ses mots à des fins éducatives.

1) Lire le livre.

2) **Penser, jumeler, échanger :** Qu'est-ce qui vous plaît dans la poésie? Préférez-vous une histoire qui rime ou pas? Donnez un exemple de deux mots qui riment.

3) **Séance de remue-méninges en classe :** Écrivez les mots qui riment au tableau en utilisant le livre comme référence. Lorsque vous écrivez les mots, utilisez des lignes vides avant le mot qui rime pour montrer l'endroit où le reste des mots peut aller.

Exemple :
____________________ vivre
____________________ suivre

En classe, proposez les mots aux élèves et utilisez-les comme exemple. Répétez le processus deux à trois fois avec différents exemples.

4) **Activité –** À l'aide du modèle de la page suivante, demandez aux élèves d'écrire des mots et d'imaginer leur propre poème. Si vos élèves n'utilisent pas le modèle, demandez-leur d'utiliser leur propre feuille de papier.

On apprend du soleil – Écriture de poésie :

Complétez la phrase jusqu'au mot qui rime.
Utilisez vos propres feuilles de papier si vous avez besoin de plus de place.

1. ________________________________ **vivre**

________________________________ **suivre.**

2. ________________________________ **conseillent**

________________________________ **soleil.**

3. ________________________________ **clairs**

________________________________ **chères.**

4. ________________________________ **pareils**

________________________________ **soleil.**

Nom : ___________________

On apprend du soleil

Remplissez les lignes avec des mots du poème.

Horizontal

3. Couleur associée au corbeau et à l'honnêteté.
5. Animal venant du sud qui enseigne l'honnêteté. Indice : oiseau noir.
6. Représente Mère la Terre. Indice : elle porte une carapace.
8. Animal qui construit des barrages. Représente le Père-ciel et la sagesse.
9. Couleur associée au Père-ciel.
11. Couleur associée au cœur et à l'aigle.
13. Il est là nuit et jour, il t'enseigne l'amour.
14. Animal qui représente l'ouest et le respect.
15. Animal associé au courage et au nord.
16. Où se lève le soleil?

Vertical

1. Couleur associée au bison et à l'ouest.
2. Couleur associée au loup et à l'est.
4. Dernier enseignement sacré, associé à l'aigle.
5. Enseignement associé à l'ours et au nord.
7. On apprend du _______.
9. Couleur associée à l'ours et au nord.
10. Combien y a-t-il d'enseignements et de points cardinaux?
11. Couleur associée à Mère la Terre et à la tortue.
12. Animal associé à l'est. Indice : il voyage en meute.

Recherche de mot:

Nom : ____________________

N	A	K	B	S	M	Z	I	M	U	U	A	H	I	C	K	D	W
Y	F	E	L	D	T	R	A	Y	Q	I	I	U	B	I	U	C	M
U	A	N	A	C	E	J	P	R	O	C	I	M	B	T	C	A	E
F	O	F	N	O	R	C	P	A	W	M	E	B	A	A	K	S	T
R	H	A	C	U	R	U	R	V	O	F	U	L	L	L	F	T	N
E	K	N	S	R	E	F	E	P	E	N	X	E	R	E	A	O	O
S	R	T	X	A	J	I	N	T	C	N	B	E	Y	N	M	R	R
P	E	S	E	G	G	O	D	J	S	E	T	D	F	T	I	W	D
E	L	N	M	E	E	Q	G	S	B	I	S	O	N	S	L	T	Z
C	H	U	E	N	S	E	I	G	N	E	M	E	N	T	L	S	V
T	E	E	S	O	L	E	I	L	W	G	M	R	U	O	E	A	K
G	F	O	U	R	S	U	J	P	V	M	Z	N	D	E	Q	O	D

AIIEUX
APPREND
BISON
BLANCS
CASTOR
COURAGE
ENFANTS
ENSEIGNEMENT
FAMILLE
HUMBLE
NORD
OURS
RESPECT
SOLEIL
TALENTS
TERRE
VENT

Encercler et associer :

Encerclez le point cardinal, puis tracez des lignes pour le relier à l'animal et à la couleur qui y correspondent. Voir l'exemple.

Ouest (respect)	Corbeau	Blanc
Est (humilité)	Aigle	Violet
Notre cœur (amour)	Ours	Vert
Sud (honnêteté)	Bison	Bleu
Père ciel (sagesse)	Tortue	Jaune
Nord (courage)	Castor	Rouge
Terre mère (vérité)	Loup	Noir